1000 erste Wörter
NATUR

DK

DK | Penguin Random House

Text Jules Pottle

Lektorat Dawn Sirett, Robin Moul, Penny Smith, Sarah Larter

Gestaltung und Bildredaktion Rachael Hare, Karen Hood, Samantha Richiardi, Sadie Thomas, Vijay Kandwal, Sif Nørskov, Sumita Khatwani, Mabel Chan

Umschlaggestaltung Issy Walsh

Herstellung Abi Maxwell, Pankaj Sharma, Isabell Schart

Für die deutsche Ausgabe:
Verlagsleitung Monika Schlitzer
Programmleitung Heike Faßbender
Redaktionsleitung Martina Glöde
Herstellungsleitung Dorothee Whittaker
Herstellungskoordination Claudia Rode
Herstellung Sabine Hüttenkofer

Titel der englischen Originalausgabe:
1000 Words Nature

Übersetzung Elena Bruns

ISBN 978-3-8310-4670-6

Druck und Bindung RR Donnelley, China

FSC www.fsc.org MIX Papier | Fördert gute Waldnutzung FSC® C018179

www.dk-verlag.de

1000 erste Wörter

NATUR

Liebe Eltern,

Kinder sind von Natur aus Entdecker und Entdeckerinnen. Sie mögen es, Dinge zu riechen und zu berühren, und tauchen so in ihre Umwelt ein. Dieses Buch gibt ihnen die Wörter an die Hand, um über ihre Erfahrungen zu sprechen und ihr Wissen über Tiere, Pflanzen, die Umwelt und unseren Planeten zu erweitern. Es regt dazu an, Fragen zu stellen und mehr zu erfahren.

In unserem von Technik geprägten Zeitalter ist es wichtig für unser Wohlbefinden, immer wieder wahrzunehmen, wie wunderschön und vielseitig die Natur ist. Wenn Sie sich die Zeit nehmen, gemeinsam mit Ihrem Kind genauer hinzuschauen und auf die Umgebung zu lauschen, werden Sie zahlreiche Naturwunder entdecken. Selbst in der Stadt wimmelt es nur so von Pflanzen und Tieren – in jedem Lebensraum auf dieser Erde ist jedes einzelne Lebewesen auf seine eigene Weise wichtig.

Dieses Buch bietet viele Möglichkeiten, miteinander zu sprechen und gemeinsam Dinge zu entdecken. Auf den **Themenseiten** werden Begriffe als Bilder dargestellt. Betrachten Sie mit Ihrem Kind die abwechslungsreich gestalteten Seiten, zeigen Sie auf etwas und benennen Sie es. Machen Sie ein Spiel daraus: Lassen Sie auch Ihr Kind zeigen und benennen oder fordern Sie es auf, etwas Bestimmtes zu finden. Dies fördert besonders die Konzentration und Wahrnehmung.

Sprechen Sie mit Ihrem Kind über alles, was es auf den Seiten sieht. Regen Sie es an, die unterschiedlichen Bilder zu beschreiben. Stellen Sie Fragen und lassen Sie Ihr Kind von eigenen Erlebnissen berichten. So schulen Sie die Sprachkompetenz und Ausdrucksfähigkeit Ihres Kindes.

Passen Sie sich dem Tempo Ihres Kindes an und lassen Sie es selbst die Seiten umblättern. Dieses Buch ist ein großartiger Einstieg, um Kindern Wertschätzung für die Natur zu vermitteln und über ein verantwortungsvolles Leben auf unserem Planeten zu sprechen.

Wir wünschen Ihnen und Ihrem Kind viel Spaß beim Betrachten, Sprechen und Zuhören!

Inhalt

SICHERHEITSHINWEIS

Manche Aktivitäten im Freien können gefährlich sein. Bei vielen der Natur-Aktivitäten, die in diesem Buch vorgestellt werden, müssen Eltern ihre Kinder unterstützen und beaufsichtigen. Jeder sollte die Verantwortung für sein eigenes Handeln übernehmen und auch auf Unerwartetes vorbereitet sein, um so sicher angenehme Erlebnisse in der Natur zu sammeln.

Unser Planet

Die Erde kreist im Weltall um die Sonne. Im Inneren der Erde ist ein heißer Kern aus geschmolzenem Gestein. Von außen ist unsere Erde von einer Hülle aus Gasen umgeben, man nennt das Atmosphäre. Die Erde ist vor sehr langer Zeit entstanden. Ihre Landschaft und die Tiere haben sich im Lauf der Zeit verändert.

das Weltall

Ist der größte Teil der Erde von Wasser oder von Land bedeckt?

der Mond

die Erde

Die Landschaft

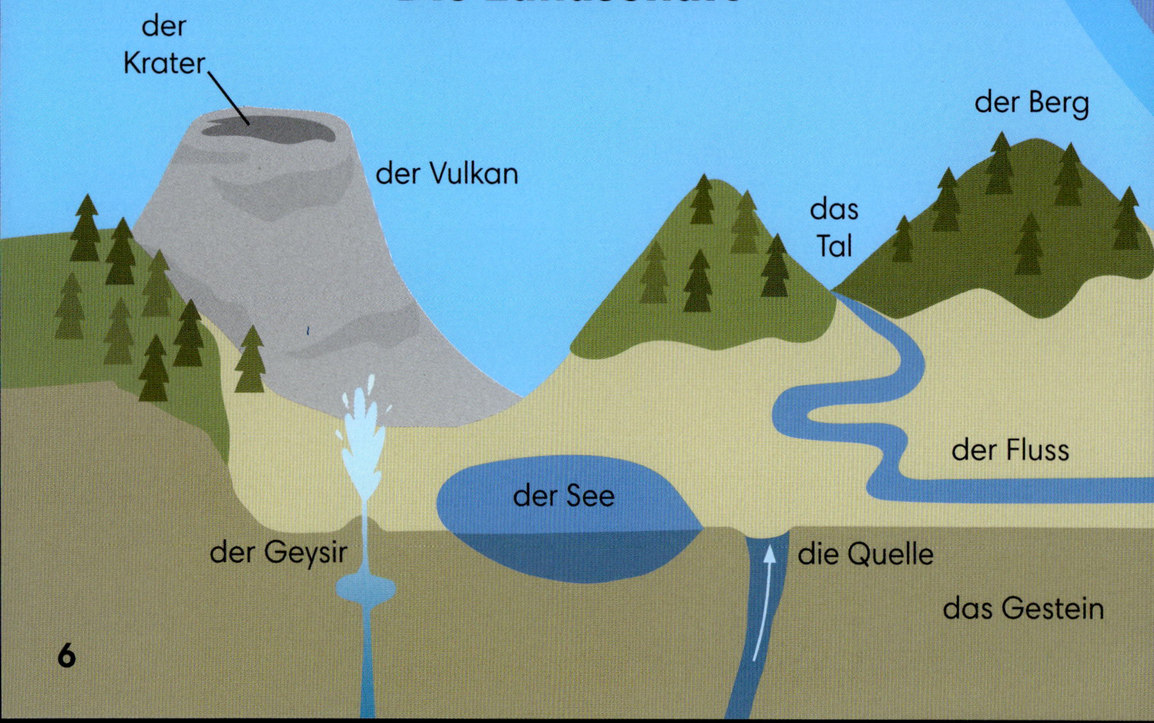

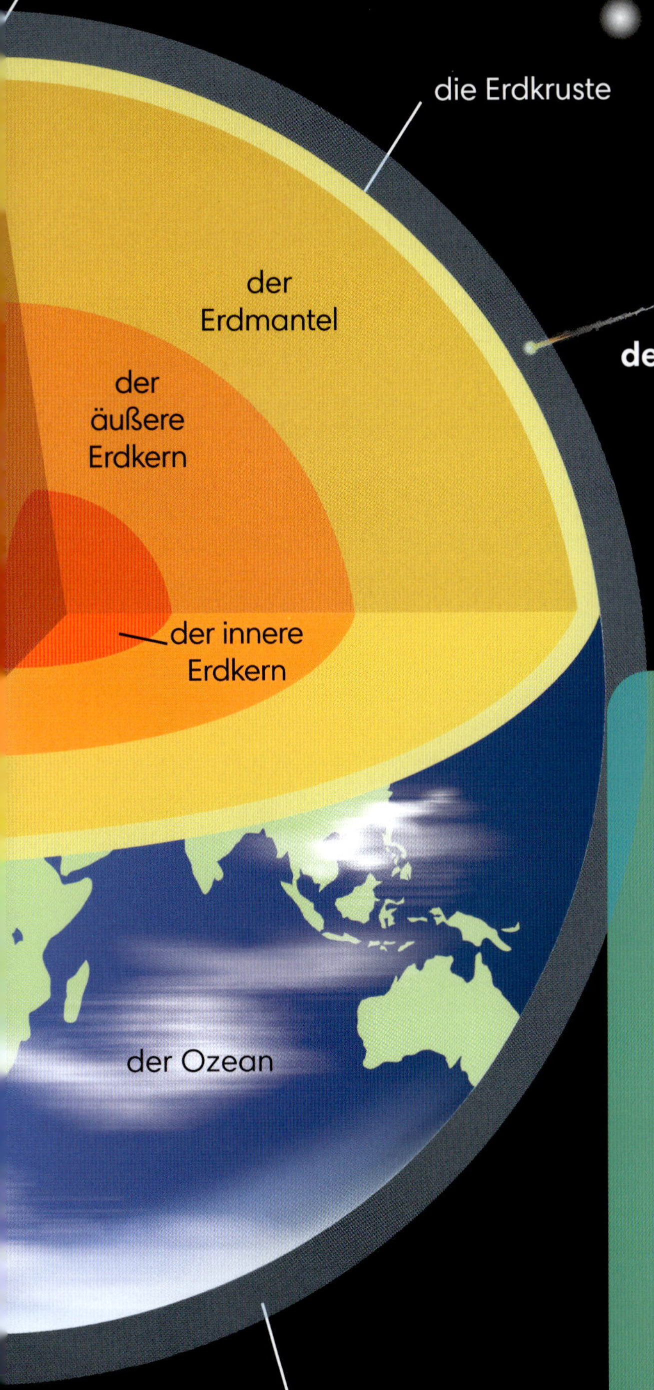

der Meteorit

die Sterne

Ausgestorbene Tiere

das Megazostrodon

der Flugsaurier

der Dinosaurier

der Fischsaurier

das Mammut

Welches dieser Tiere hat einen Namen, der „schreckliche Echse“ bedeutet?

Rohstoffe unserer Erde

Unsere Welt ist voller nützlicher Materialien. Wir sollten sorgsam damit umgehen und sie nicht verschwenden. Manche Rohstoffe können dem Klima schaden.

Nicht erneuerbare Rohstoffe

das Gas

das Erdöl

die Kohle

Im Verkehr

das Flugzeug

der Diesel-Lkw

das Benzin-Auto

die Verschmutzung

der Müll

Für eine saubere Welt

Welche Dinge können wir wiederverwenden?

Erneuerbare Rohstoffe

Mensch und Natur

Wir Menschen haben uns die Natur zunutze gemacht. Wir sollten rücksichtsvoll mit ihr umgehen und uns um unseren Planeten und all seine Lebewesen kümmern.

Auf dem Bauernhof

Hast du dich schon einmal um ein Haustier gekümmert? Was brauchen Haustiere?

Haustiere

Ungewöhnliche Farmtiere

Arbeitstiere

Noch mehr Farmen

das Blumenfeld

das Reisfeld

der Weinberg

die Tee-Plantage

Auf der ganzen Welt werden auf Farmen verschiedene Pflanzen angebaut. Weißt du, was auf einem Weinberg angepflanzt wird, um daraus Wein herzustellen?

Wasser nutzen

der Damm

der Kanal

Bergbau

der Kalksteinbruch

die Kohlemine

Spaß in der Natur

Draußen können wir viele lustige Dinge tun und die Natur genießen.

Wir könnten eine Sammlung mit Dingen aus der Natur anlegen. Was würdest du gern sammeln?

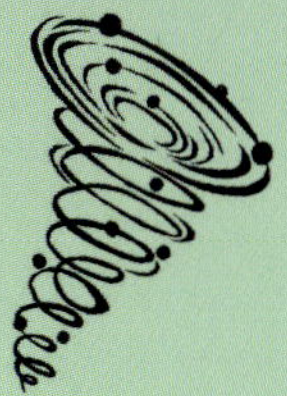

1000 erste Wörter NATUR

DK

DK | Penguin Random House

Text Jules Pottle

Lektorat Dawn Sirett, Robin Moul, Penny Smith, Sarah Larter

Gestaltung und Bildredaktion Rachael Hare, Karen Hood, Samantha Richiardi, Sadie Thomas, Vijay Kandwal, Sif Nørskov, Sumita Khatwani, Mabel Chan

Umschlaggestaltung Issy Walsh

Herstellung Abi Maxwell, Pankaj Sharma, Isabell Schart

Für die deutsche Ausgabe:
Verlagsleitung Monika Schlitzer
Programmleitung Heike Faßbender
Redaktionsleitung Martina Glöde
Herstellungsleitung Dorothee Whittaker
Herstellungskoordination Claudia Rode
Herstellung Sabine Hüttenkofer

Titel der englischen Originalausgabe:
1000 Words Nature

Übersetzung Elena Bruns

ISBN 978-3-8310-4670-6

Druck und Bindung RR Donnelley, China

FSC www.fsc.org MIX Papier | Fördert gute Waldnutzung FSC® C018179

www.dk-verlag.de

Was würdest du gern draußen in der Natur unternehmen?

Das Wetter

Wie ist das Wetter heute?

Wetter ist das Zusammenspiel von Sonne, Luft und Wasser und kann sehr unterschiedlich sein. In manchen Ländern gibt es vier Jahreszeiten, in anderen nur zwei.

Wasserkreislauf

Vier Jahreszeiten

der Frühling

der Sommer

der Herbst

der Winter

Zwei Jahreszeiten

die Trockenzeit

die Regenzeit

Welches Wetter magst du am liebsten?

Extremes Wetter

Welcher Nebel wird durch Luftverschmutzung verursacht?

Stürme und Fluten, trockene Wüsten und eisige Gegenden: Unser Planet hat einiges an extremem Wetter zu bieten.

Wetter-Extreme

die Dürre ausgetrocknet

das Hochwasser

der Tsunami

der Zyklon

der Hurrikan

der Tornado

der Smog

der Sandsturm

extreme Hitze und Waldbrände

der Hagelsturm

der Schneesturm

der Eisregen eiskalt

Unglaubliche Orte

das Tote Meer,
Asien

der tiefste Ort
der Erde

der Mount Everest,
Asien

der höchste Ort
der Erde

Furnace Creek,
Nordamerika

höchste gemessene
Temperatur

die Wostok-Station,
Antarktis

kälteste gemessene
Temperatur

die Atacama-Wüste,
Südamerika

der trockenste Ort

Mawsynram,
ein Dorf in Indien

am meisten Regen

die Angel Falls,
Südamerika

der höchste
Wasserfall

der Grand Canyon,
Nordamerika

die längste
Schlucht

der Vulkan Kilauea
auf Hawaii

der aktivste
Vulkan der Erde

das Große Barriere-Riff,
Pazifischer Ozean

das größte
Korallenriff

der Marianengraben,
Pazifischer Ozean

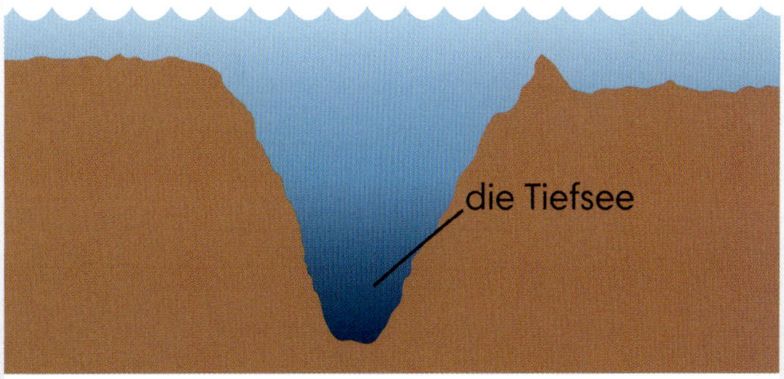

die tiefste Stelle der Ozeane

Welchen dieser erstaunlichen Orte würdest du gern erkunden?

Die verschiedenen Lebewesen

Forschende teilen Lebewesen, die ähnlich sind, in Gruppen ein. Hier kannst du die fünf größten Gruppen entdecken und einige kleinere, die zum Reich der Tiere gehören.

Pflanzen

Blühende Pflanzen

der Apfelbaum

die Rose

das Gras

Nicht blühende Pflanzen

der Nadelbaum

der Farn

das Moos

Pilze

der Schimmelpilz

die Speisepilze

„Urwesen“

die Rotalge

die Urtierchen

Einzeller

die Bakterien

Weichtiere

die Schnecke

die Muschel

Krebstiere

die Assel

die Krabbe

Spinnentiere

die Spinne

die Zecke

Tintenfische

der Kalmar

der Oktopus

Tiere

Säugetiere

der Delfin

das Känguru

der Mensch

Stachelhäuter

der Seestern

der Seeigel

Nesseltiere

die Qualle

die Koralle

Vögel

das Rotkehlchen

der Pinguin

Reptilien

die Schlange

das Krokodil

Amphibien

der Molch

der Frosch

Schwämme

die Schwammkoralle

Kennst du noch andere Säugetiere oder Reptilien?

Fische

der Clownfisch

der Hai

Insekten

die Ameise

der Schmetterling

Gliederfüßer

der Tausendfüßer

der Hundertfüßer

Würmer

der Blutegel

der Regenwurm

Im Reich der Pflanzen

Es gibt viele verschiedene Pflanzen. Aber eins haben sie alle gemeinsam: Sie nutzen Wasser, Luft und Sonnenlicht, um daraus ihre Nahrung herzustellen.

Mit Kräutern lassen sich Speisen würzen. Welche Kräuter hast du schon probiert?

Sträucher

die Hortensie

der Buchsbaum

Kräuter

das Basilikum

der Thymian

Blumen

der Hibiskus

die Orchidee

der Duft

das Blütenblatt

die Knospe

das Blatt

der Stängel

der Dorn

die Rose

die Osterglocken

die Tulpen

Rate mal, wo Baobab-Bäume ihr Wasser speichern.

Seltsame Pflanzen

die Venus-fliegenfalle

fängt Fliegen!

die Luftpflanze

braucht keine Erde

der Baobab-baum

hat einen breiten Stamm

Kletterpflanzen

der Efeu

die Stangenbohne

Kakteen

Bäume

Obst und Gemüse, das wir essen

die Orange

der Apfel

die Kiwi

die Möhren

der Kohl

der Brokkoli

Wasserpflanzen

Sauerstoff herstellen

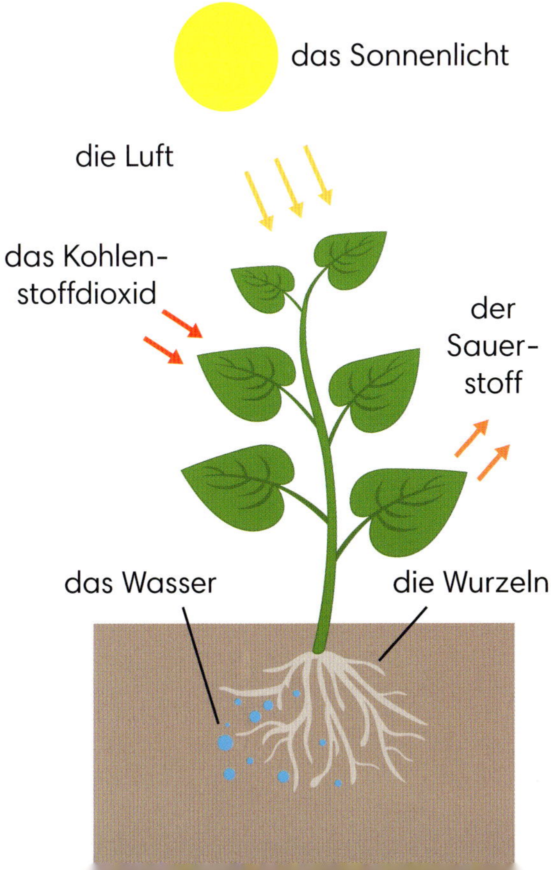

Alles über Bäume

Ein Baum ist eine große Pflanze mit einem dicken Stamm. Wie alle Pflanzen verbessern Bäume unsere Luft, indem sie Kohlenstoffdioxid aufnehmen und Sauerstoff abgeben.

Blätter

Blatt

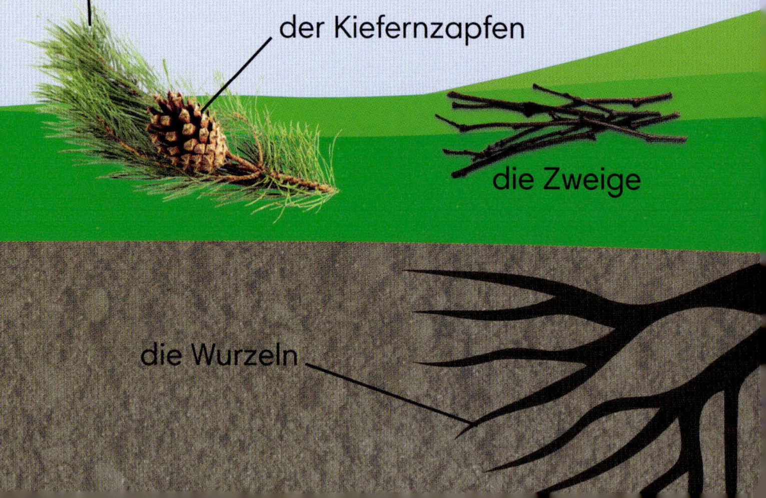

immergrün
behält die Blätter das ganze Jahr über
die Kiefer
das Kohlen-
stoffdioxid
Blüten
die Kirschblüten
die Haselkätzchen
die Aprikosen-
knospen
Früchte
die Äpfel
die Pflaumen
die Zitronen
die
Eiche
der Ast
das Holz
die
Jahresringe
das
Eichenblatt
der Baum-
knoten
die Rinde
der Stamm
die Stöcke
die Eicheln
Der Samen einer Eiche befindet sich in der Eichel. Wo findest du die Samen einer Kiefer?
laubabwerfend
verliert die Blätter
im Herbst

Wie Pflanzen und Pilze wachsen

Die meisten Pflanzen wachsen aus Samen, Zwiebeln oder Knollen. Pilze entstehen aus winzigen Sporen.

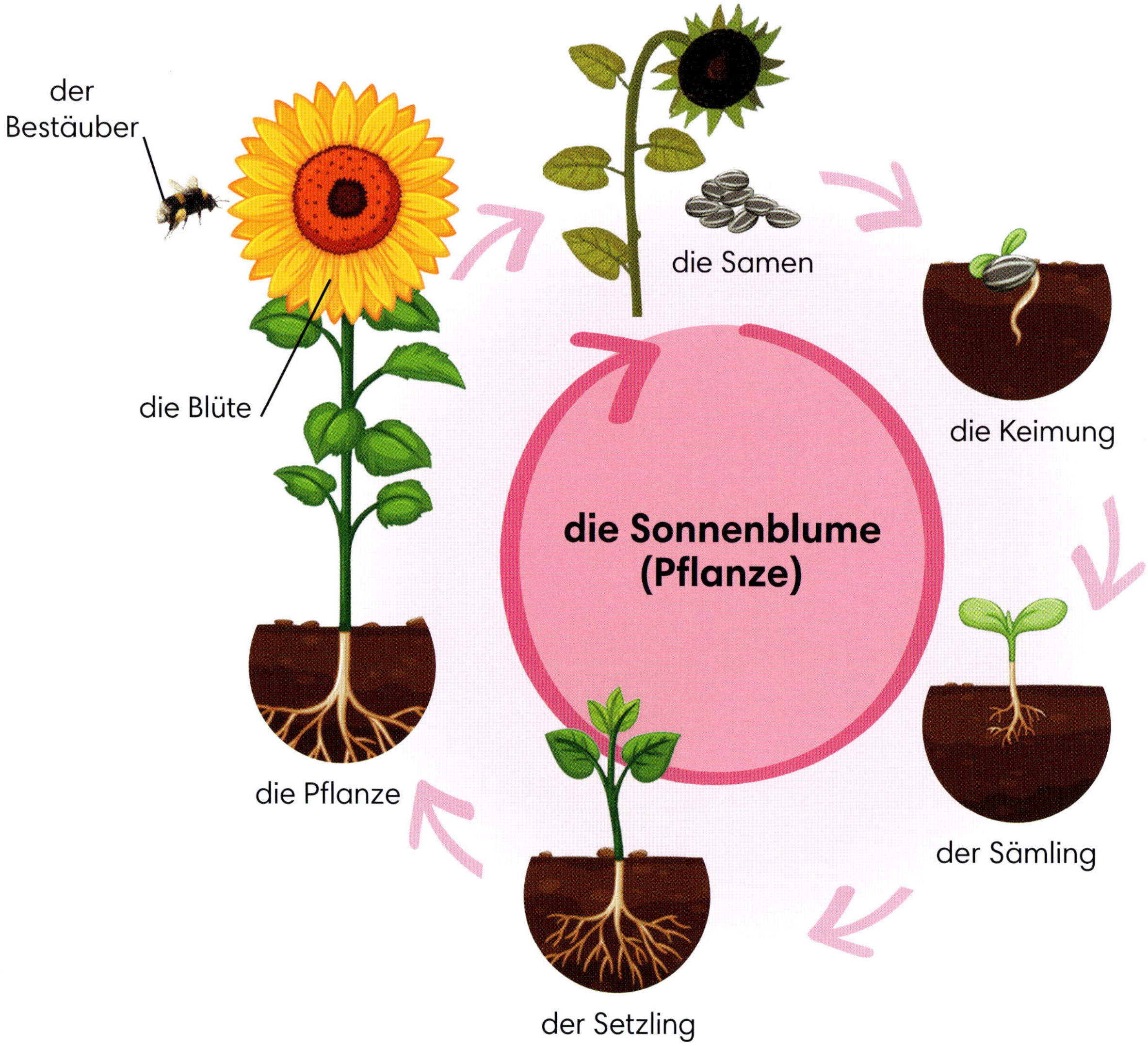

Hast du schon einmal Samen gepflanzt? Wie hast du sie versorgt? Fällt dir etwas ein, wie du Pflanzen beim Wachsen helfen kannst?

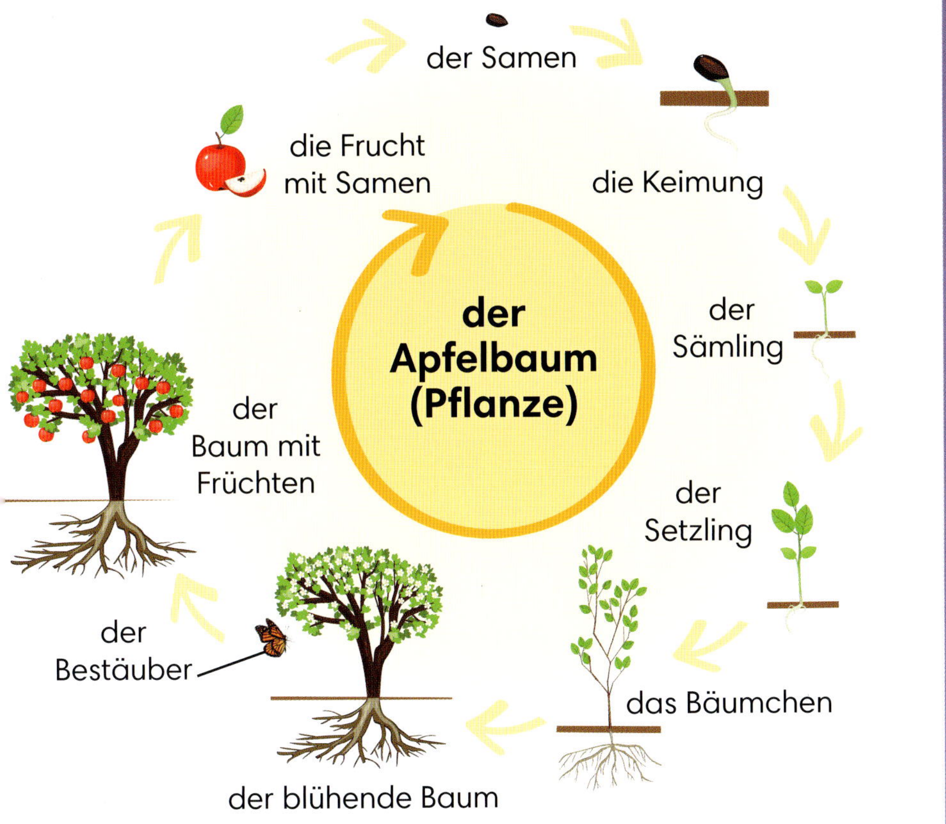

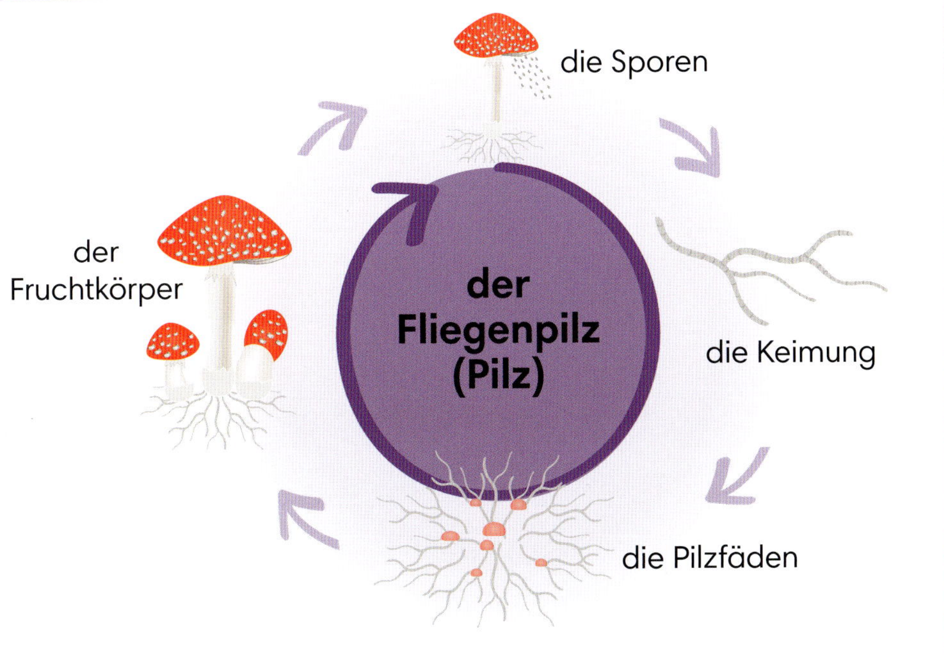

Noch mehr Samen

der Kiefernzapfen

die Ahornsamen

der Avocadokern

die Erbsenschote

Zwiebeln und Knollen

die Tulpenzwiebeln

die Kartoffelknolle

Tiere werden erwachsen

Katzen bringen Kätzchen zur Welt, die Kätzchen werden erwachsen und bekommen ebenfalls Kätzchen. Erfahre alles über die Lebenskreisläufe von Mensch und Tier.

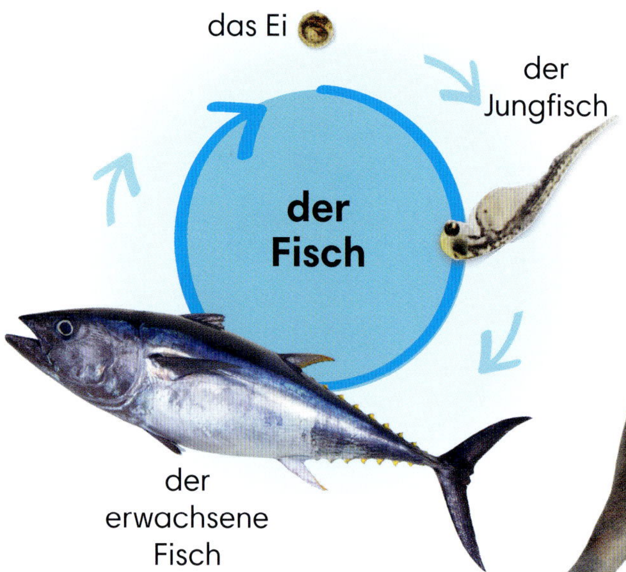

Hast du das Junge im Beutel der Känguru-Mutter entdeckt?

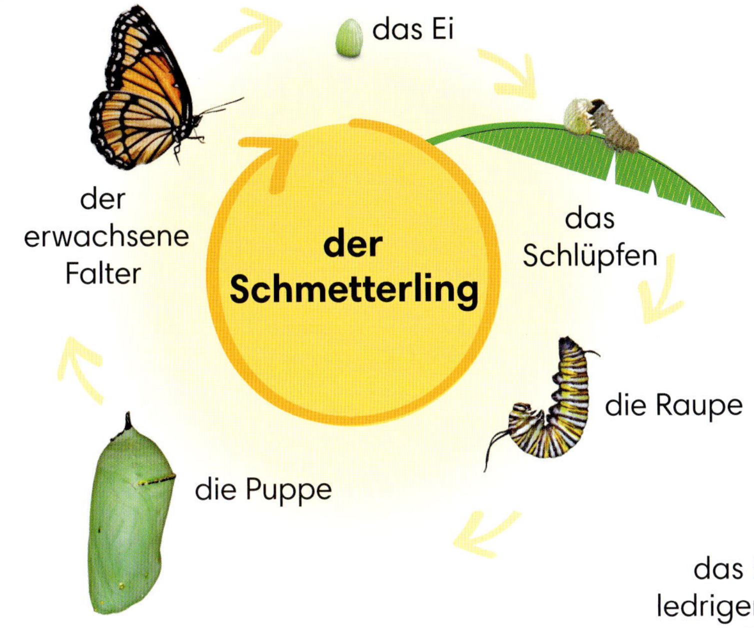

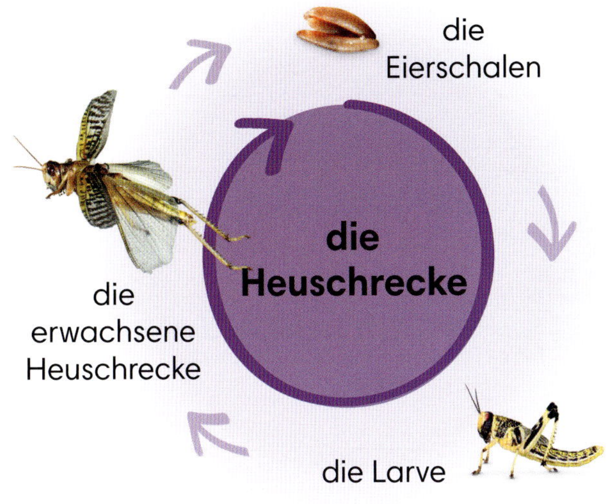

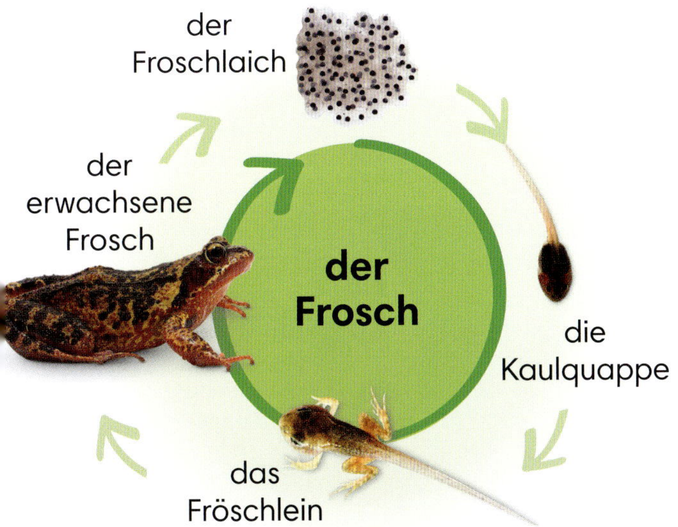

Weißt du, wo Frösche ihren Laich ablegen?

Tierfamilien

Weißt du, wie das Männchen, das Weibchen und das Baby bei diesen Tieren heißen? Manche haben besondere Namen, andere nicht.

Tiergruppen

Welche Namen für Gruppen von Tieren kennst du?

das Löwenrudel

die Delfinschule

die Schafherde

die Ameisenkolonie

Köpfe, Körper und Füße

Stell dir ein Tier vor und denke an seinen Kopf, den Körper und die Füße. Sind sie genauso wie bei dir?

Köpfe

Welches Tier hat die größten Ohren?

Füße (und Hände!)

die Röhrenfüße

die Flosse

die Pfoten

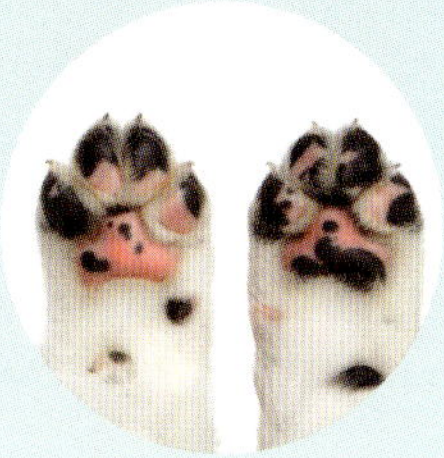

die Krallen

die Hufe

die Vorderfüße mit Haftballen

die Bauchfüße

die Schwimmhäute

die Tatzen

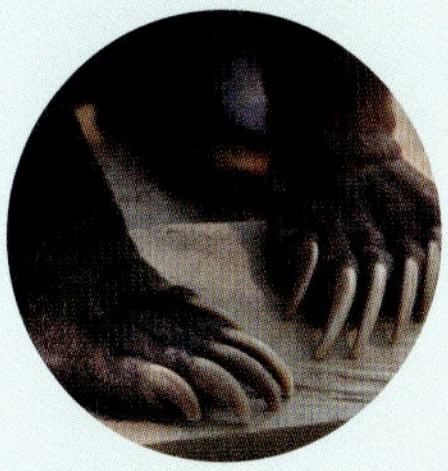

die Rückenflosse

die Finger

die Zehen

Warum haben Wasservögel Schwimmhäute an den Füßen?

Körper

die Haut

vier Beine

das Fell

der Schwanz

der Panzer

die Borsten

die Federn

das Außenskelett

das Innenskelett

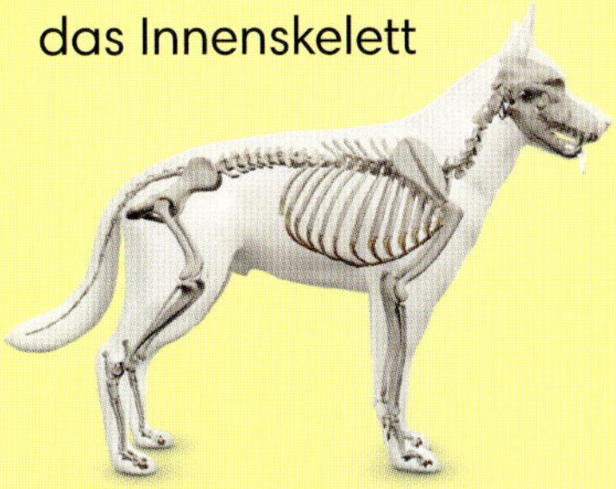

Essenszeit

Wovon ernähren sich Tiere und wie fressen sie? Schauen wir es uns an.

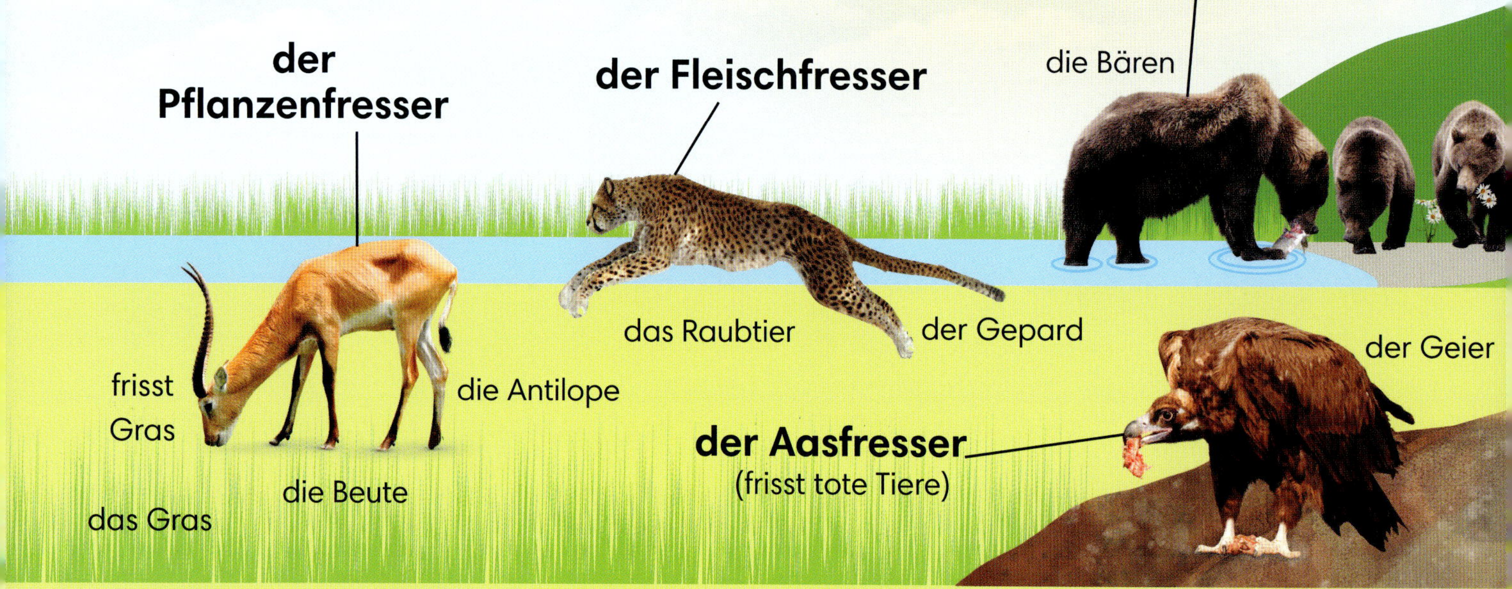

Nahrungskette

beißen und kauen

Biber fressen Blätter, Zweige und Rinde. Sie fällen Bäume, um Dämme zu bauen.

nagen

saugen

aufschlecken

Diese Ameise frisst andere Insekten.

bereit zuzuschnappen

Tiere mit besonderem Speiseplan

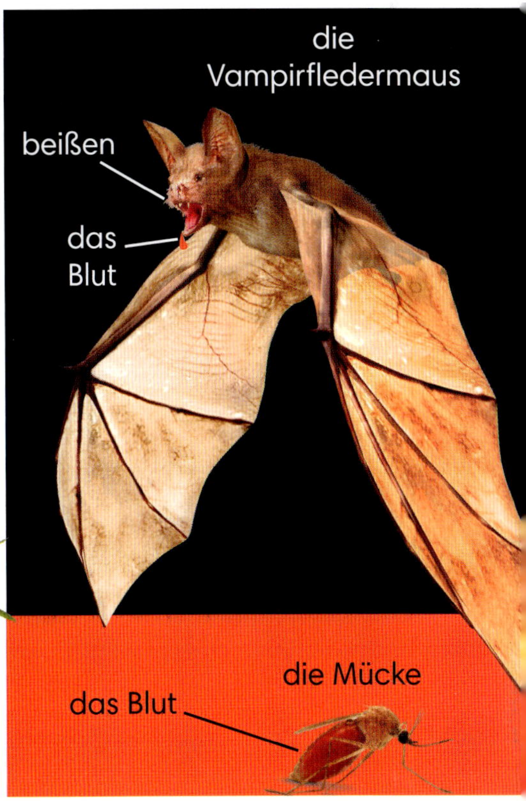

Fällt dir noch ein Tierbaby ein, das sich von der Milch seiner Mama ernährt?

knacken

Viele Spinnen verflüssigen das Innere ihrer Beute, bevor sie diese aussaugen.

verflüssigen

säugen

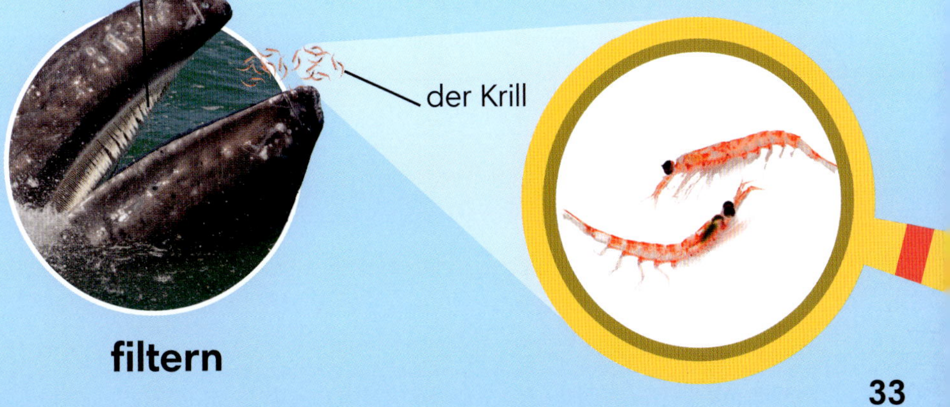

filtern

Wie Tiere sich unterhalten

Zwar können selbst Tierforscherinnen und Wissenschaftler nicht mit Tieren sprechen, aber sie können einige ihrer Botschaften verstehen. Kannst du das auch?

den Weg zum Futter zeigen

Ameisen hinterlassen eine Duftspur.

der Schwänzeltanz der Biene (um anderen Bienen zu verraten, wo es Blumen gibt)

Kommunikation mit Menschen

Koko, der Gorilla

die Zeichensprache

„Lass uns spielen!“

Vorderkörper tief

Das Paradiesvogel-Männchen tanzt und zeigt seine Federn.

Eine männliche Grille zirpt.

eine Partnerin anlocken

Viele Vogelmännchen singen, um ein Weibchen zu beeindrucken. Aber auch manche Weibchen singen.

Ein männlicher Kugelfisch baut ein Nest für die Eier des Weibchens.

Welches Tier wedelt mit dem Schwanz, um Gefühle zu zeigen?

Tierische Vergleiche

Groß oder klein, wild oder zahm, giftig oder harmlos: Sieh dir all diese tierischen Unterschiede an!

wild

die Wölfe

zahm

die Katze

gezähmt

das Schaf

schnellstes Tier an Land

der Gepard

zwei der langsamsten Tiere

die Schnecke

die Seeanemone

Was ist das größte Tier an Land? (Tipp: Es hat einen langen Rüssel.)

der Blauwal

größtes …

schwer

leicht

… und kleinstes Lebewesen

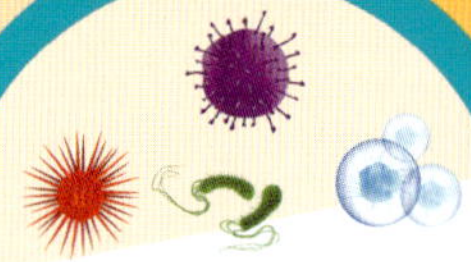

die Bakterien

lieber allein

der Schneeleopard

gesellig

die Hunde

tagaktiv

der Schmetterling

giftig

die Viper

harmlos

die Blindschleiche

auffällig

der Paradiesvogel

getarnt

der Oktopus

nachtaktiv

der Nachtfalter

groß

die Giraffe

klein

die Maus

schlicht

das Pferd

gemustert

das Zebra

der Fuchs

der Allesfresser

der Tiger

der Fleischfresser

das Kaninchen

der Pflanzenfresser

Wie kacken Tiere?

Kot gibt es in vielen Formen und Größen!

Welches Tier kackt Würfel?

Tierspuren

Lerne, die Ausscheidungen der verschiedenen Tiere zu erkennen. Halte auch nach verrottenden Pflanzen Ausschau, sie werden von winzigen Lebewesen gefressen, den Mikroben. Vielleicht findest du sogar Hinweise auf Tiere, die vor langer Zeit gelebt haben.

Verrottende Pflanzen

Welche Lebewesen fressen totes Holz?

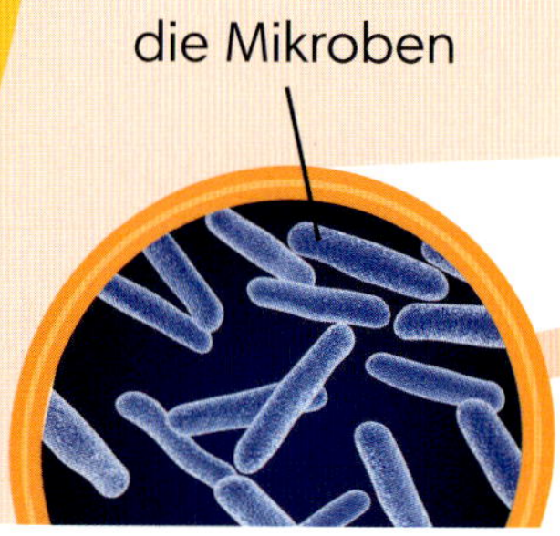

Weitere Hinweise auf Tiere

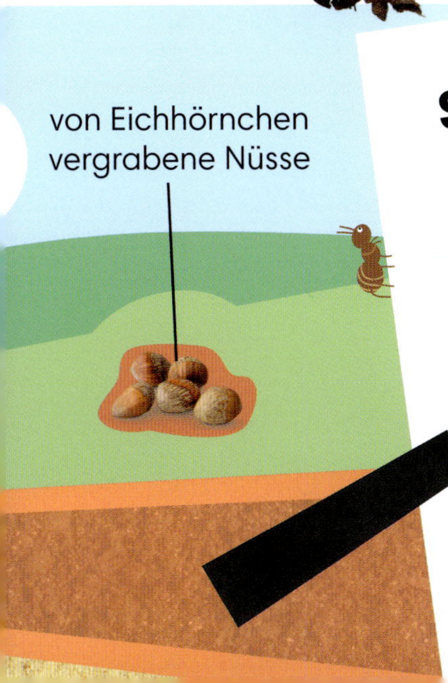

Spuren von früher

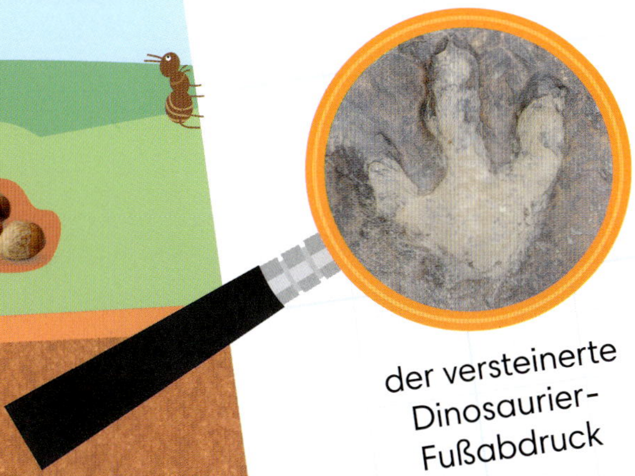
der versteinerte Dinosaurier-Fußabdruck

der Ammonit (versteinerte Muschel)

der versteinerte Schädel

der Bernstein (versteinertes Baumharz)

der Kotstein (versteinerter Kot)

Gärten und Parks

Es gibt viele wundervolle Dinge, die du in einem Garten oder Park tun kannst.

Alle Insekten haben sechs Beine. Sind Asseln Insekten oder Krebstiere?

der Park
der Rasenmäher
die Blumen
der Kirschbaum
das Blumenbeet
der Komposthaufen
die Samen
das Gras
das Gemüsebeet
die Gartenhandschuhe
die Schaufel
der Regenwurm
die Schubkarre
die Erde
der Schmetterling
das Unkraut
die Schnecke
der Garten
die Schleimspur
der Käfer

Felder und Wiesen

Auf manchen Feldern werden Feldfrüchte angebaut, andere sind voller Wildblumen. Wiesen werden gemäht, um aus dem Gras Heu für die Kühe zu erzeugen.

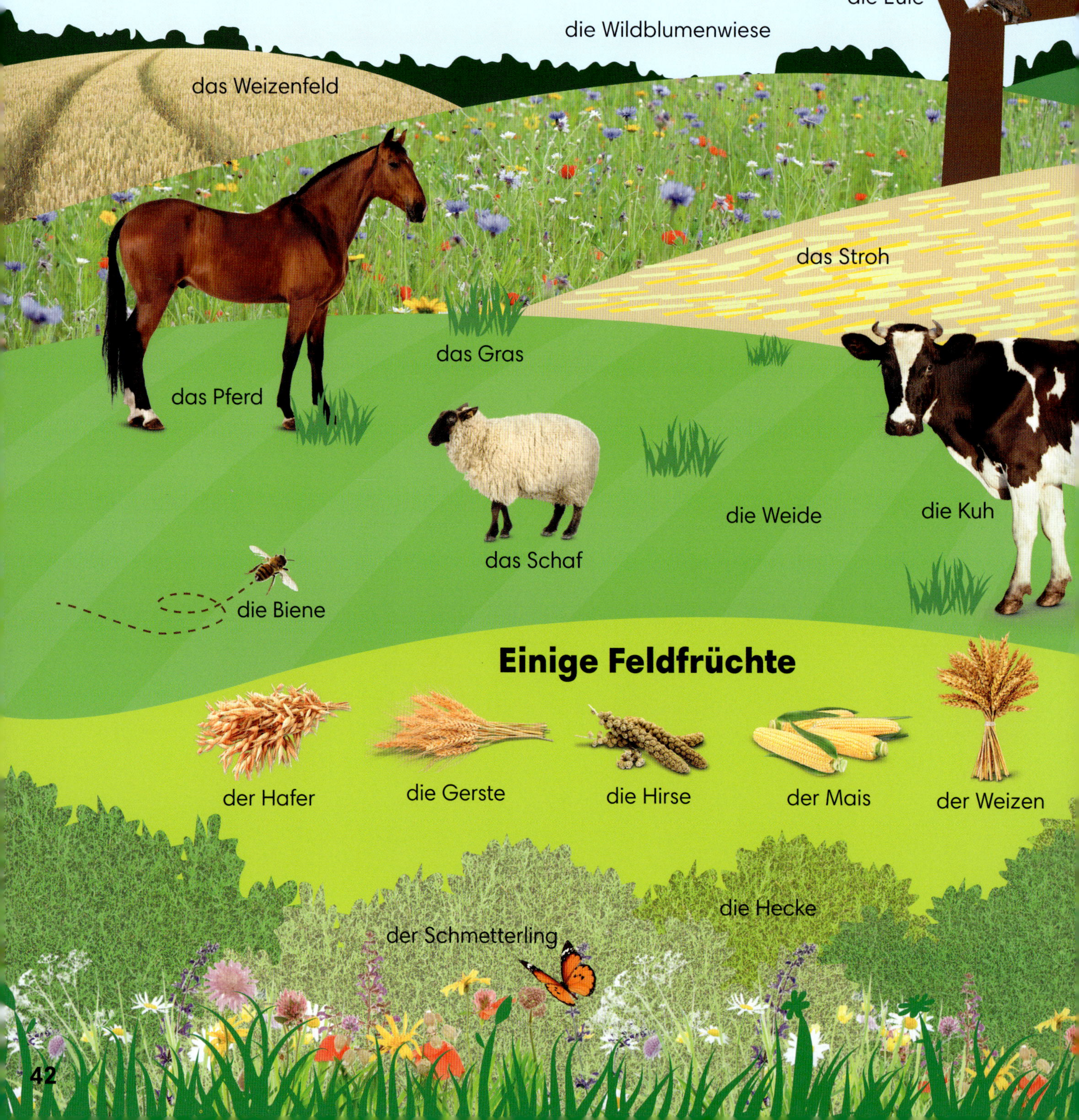

Fällt dir ein Lebensmittel ein,
das du gern magst und das aus
einer Feldfrucht hergestellt wird?
der Fischadler
die Ballenpresse
der Traktor
der Mähdrescher
der Strohballen
die Eidechse
der Pflug
der Zaun
das Rebhuhn
die Feldmaus
der Grashüpfer
der Maulwurfshügel
der Maulwurf
die Ringelnatter
der Klee
der Maulwurfsbau
der Kaninchenbau
das Wildkaninchen

Wälder

In Wäldern finden Tiere reichlich Nahrung und Schutz bei schlechtem Wetter.

Europäischer Wald

Findest du das kleine Reh?

Nordamerikanischer Wald

Australischer Eukalyptuswald

Chinesischer Bambuswald

Flüsse

Tiere leben in Flüssen, an Flussufern und in den flachen Gebieten neben Flüssen, den Flussauen.

Entdeckst du ein Wassertier, das ein hartes Außenskelett hat?

Wo trifft ein Fluss auf das Meer?

das Wehr

die Flussaue

der Wasserfall

Ozeane und Küsten

Der größte Teil der Erde ist von Wasser bedeckt. Deshalb sieht die Erde vom Weltall aus blau aus.

Was kannst du hier sehen, das Strom erzeugt?

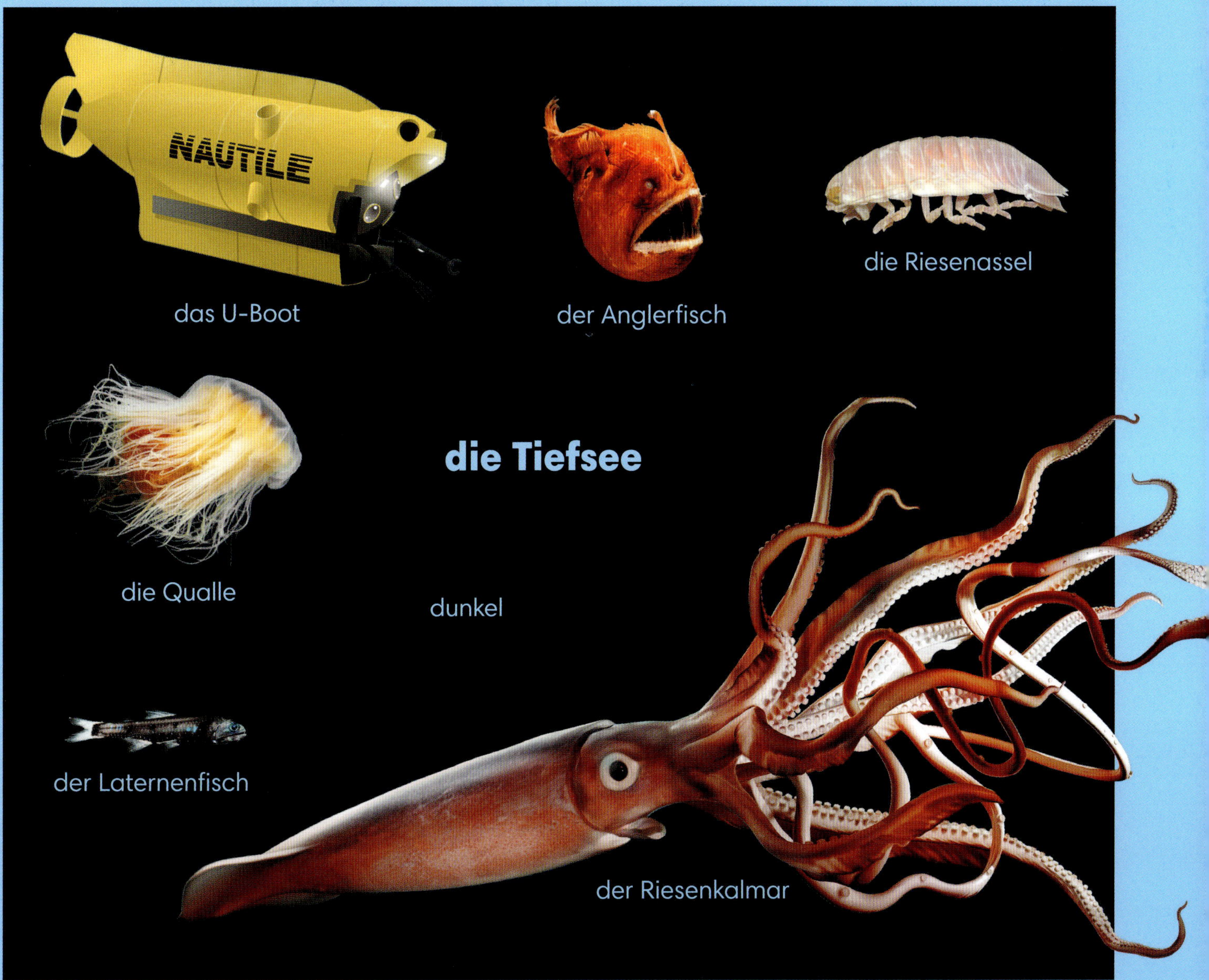

Der Regenwald

In Regenwäldern leben zahlreiche Tiere und es gibt noch viele neue Tierarten zu entdecken. Lass uns schauen, welche Tiere im Amazonas-Regenwald in Südamerika leben.

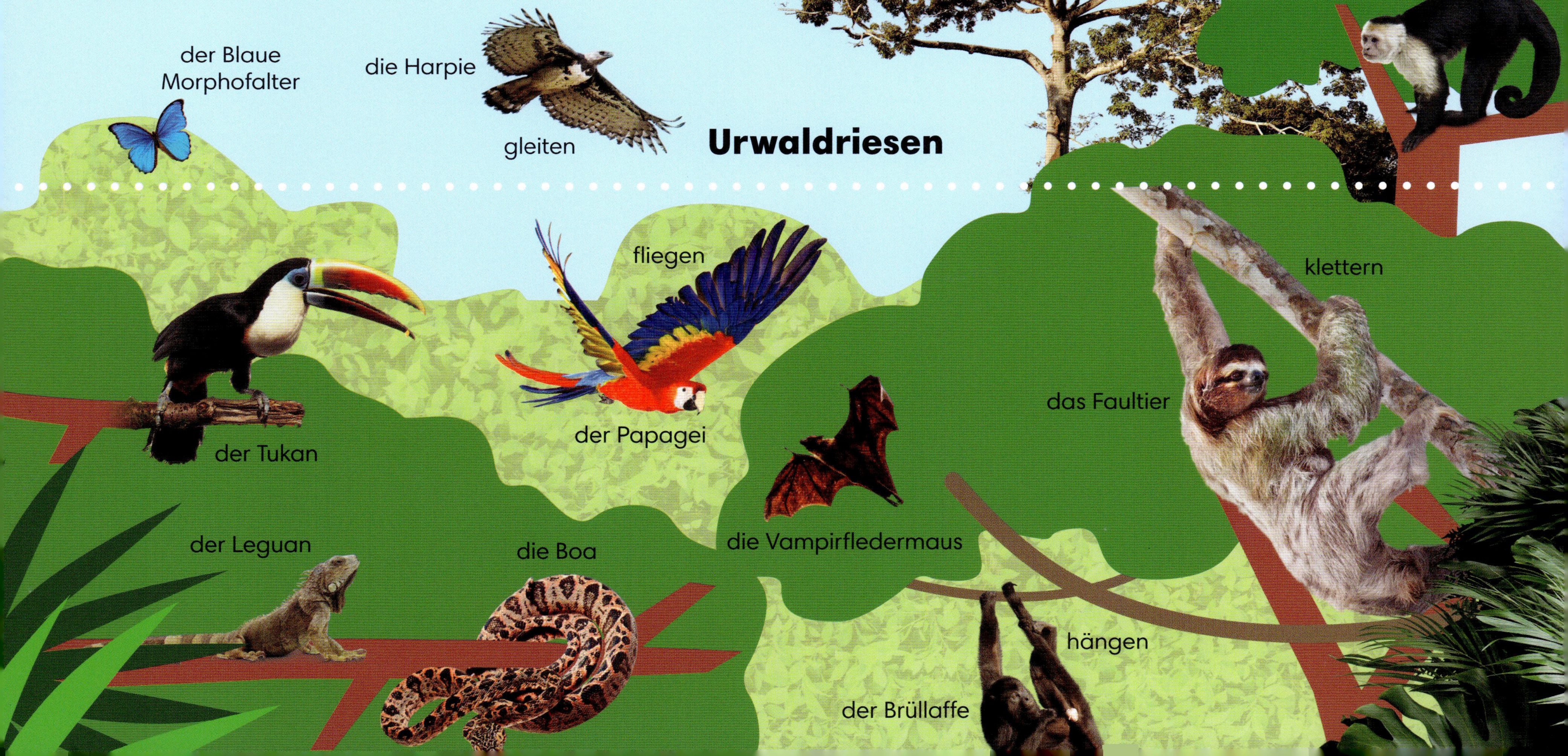

Welche Geräusche hörst du im Regenwald?
der Prachtkäfer
die Prachtbiene
der Rotaugenlaubfrosch
die Kronenschicht
die Orchidee
die Kakaoschote
feucht
der Jaguar
der Kakaobaum
die Bananen
der Unterwuchs
der Harlekinbock
das Gürteltier
der Riesen-tausendfüßer
verwesen
nährstoff-reich
die Pilze
der Skorpion
der Ameisenbär
die Brettwurzeln
die Schnecke
die Blattschneider-ameise
der Waldboden

Die Savanne

Savannen sind flache, weite Graslandschaften mit nur wenigen Bäumen. Oft kommt es dort zu Buschbränden, aber die Pflanzen wachsen wieder nach. Die größten Savannen findest du in Afrika, Australien und Südamerika.

Südamerikanische Savanne

Welches große Säugetier hat eine sehr lange Nase?

Wüsten

Wüsten können entweder heiß oder kalt sein, aber in allen regnet es sehr selten. Schauen wir uns einmal in der Chihuahua-Wüste in Mexiko um.

Finde drei Vögel und zwei Reptilien.

Gebirge

Berge ragen hoch hinauf und bestehen aus Stein und Erde. Je höher du steigst, umso kälter wird es. Deshalb sind Berge oben oft schneebedeckt.

Wo könnte die Bärenmutter ein gutes Versteck finden?

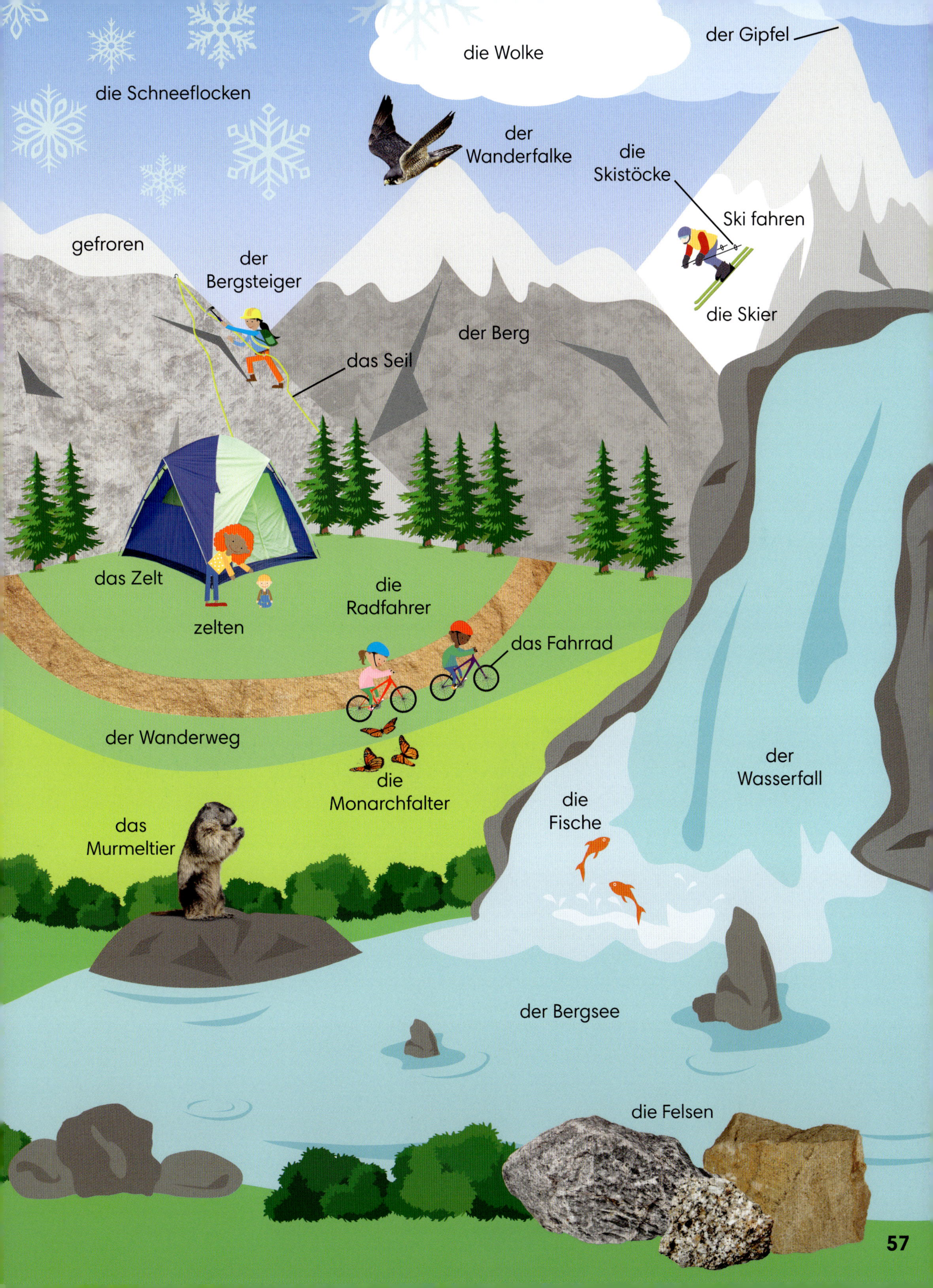

die Schneeflocken
die Wolke
der Gipfel
der Wanderfalke
die Skistöcke
Ski fahren
gefroren
der Bergsteiger
die Skier
der Berg
das Seil
das Zelt
die Radfahrer
zelten
das Fahrrad
der Wanderweg
die Monarchfalter
der Wasserfall
die Fische
das Murmeltier
der Bergsee
die Felsen

Arktis und Antarktis

Einige erstaunliche Tiere und Pflanzen haben sich an das eisige Leben in der Arktis und Antarktis angepasst.

Die Tierwelt ist an jedem Ort anders. Leben Pinguine in der Arktis oder der Antarktis?

die Antarktis

Finde drei Säugetiere in der Antarktis.

Die Natur schützen

Die Entscheidungen, die wir treffen, können der Natur schaden oder sie schützen. Wie können wir uns um unsere Welt kümmern?

Welche Dinge auf diesen Seiten hier helfen, die Natur zu schützen?

Unsere Tiere

bewahren

gefährdet

das Westafrikanische Spitzmaulnashorn

ausgestorben

die Naturschutzgebiete

Schutz vor Wilderern

auswildern

der Rotmilan

sich kümmern

die Möwe

Tiere im Zoo züchten

Unsere Landwirtschaft

enge Käfige

die Massentierhaltung

das Insektengift

die Schädlings-bekämpfung

ohne künstliche Chemikalien

der Bio-Bauernhof

Unsere Luft

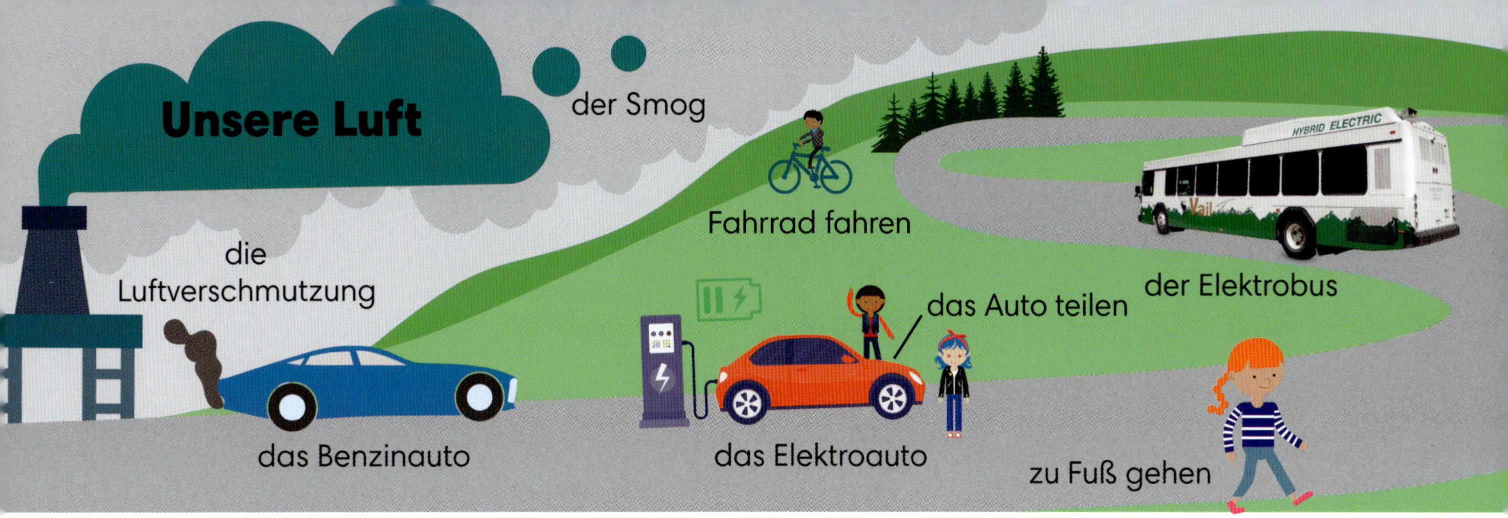

Unsere Bäume

Wälder abholzen

Bäume pflanzen

Unser Klima

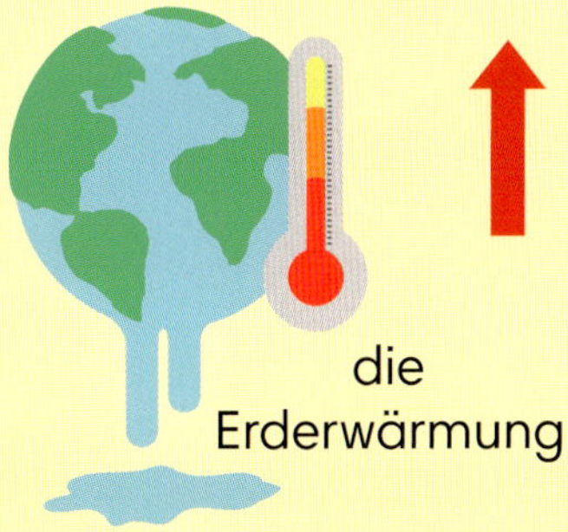

die
Erderwärmung

der Waldbrand

die Überschwemmung

Das Eis an den
Polkappen schmilzt.

Was können wir tun, um der Natur sofort zu helfen?

Unsere Meere

der Plastikmüll

Müll sammeln

Mit der Natur arbeiten

Es gibt viele Möglichkeiten, mit der Natur zu arbeiten. Du findest hier auch einige Berufe, die helfen können, unseren Planeten und all seine Tiere und Pflanzen zu schützen.

die Feinstaubforscherin: prüft die Luftverschmutzung

der Bauer

die Geologin: untersucht das Gestein unserer Erde

der Förster: kümmert sich um den Wald

die Zoologin: studiert Tiere

die Entomologin: studiert Insekten

der Umwelt-wissenschaftler

der Botaniker: studiert Pflanzen

die Gärtnerin

der Baumpfleger

der Tierpfleger

die Meeresbiologin: studie das Leben in den Ozeane

die Tierärztin

die Umweltaktivistin: setzt sich für den Schutz der Umwelt ein

der Museums-pädagoge im Naturkundemuseum

der Ökologe: untersucht Lebewesen und ihre Umgebung

die Straßenkehrerin

der Natur-schriftsteller

die Naturfotografin

der Aquarist: pflegt ein öffentliches Aquarium

die Landschaftspflegerin: kümmert sich um die Gärten und Parks

der Safari-Führer

die Natur-reporterin

die Umweltingenieurin: entwirft Dinge für die Umwelt

der Tierretter

der Seismologe: studiert Erdbeben

Welchen dieser Berufe hättest du gern?

Dank und Bildnachweis

DK dankt folgenden Personen für die Mitarbeit an diesem Buch: Victoria Palastanga und Eleanor Bates, Jagtar Singh für das Design; Adhithi Priya, Sakshi Saluja, Rituraj Singh, Sumedha Chopra und Vagisha Pushp für die Bildrecherche.

Der Verlag dankt folgenden Personen und Organisationen für die freundliche Genehmigung zum Abdruck von Fotos:

(Abkürzungen: o=oben; u=unten; m=mitte; g=ganz; l=links; r=rechts; go=ganz oben)

1 123RF.com: Liubov Shirokova (mul). **Dreamstime.com:** Marc Bruxelle (mor); Isselee (gom); Vvoevale (gol); Yinan Zhang (ml); Svetlana Larina / Blair_witch (mul); Nejron (cb); Sabelskaya (ur). **2 Dorling Kindersley:** Tom Grey (mol); Natural History Museum, London (gor). **Getty Images / iStock:** photo5963 (mul). **3 123RF.com:** isselee / Eric Isselee (mu); Prapan Ngawkeaw (mu/Straße); jackf / Iakov Filimonov (ul/Wolf). **Dreamstime.com:** Iakov Filimonov (mul/Ziege); Phartisan (Fels 3x); Jpsdk / Jens Stolt (Schmetterlinge 3x); Yotrak (mu/Zelt); Jackf / Iakov Filimonov (mu/Rentier); Nelikz (ul/Eichhörnchen). **Shutterstock.com:** Aleksandr Pobedimskiy (mul/Sandstein). **6–7 Dreamstime.com:** Gritsalak Karalak (m). **6 Dreamstime.com:** Astrofireball (m). **7 Dorling Kindersley:** Dan Crisp (mo); Natural History Museum, London (mur); James Kuether (mu); Jon Hughes (mu). **Dreamstime.com:** Nicolas Fernandez (m); Markus Gann / Magann (gor). **8 123RF.com:** algre (mur). **Dreamstime.com:** Costasz (mu); Tomasz Śmigla (mu/Becher); Vchalup (ur); Rui Matos / Rolmat (mor); Rob Wilson / Robwilson39 (mr). **9 123RF.com:** julynx (gol); Martin Spurny (mol); Natthawut Panyosaeng / aopsan (mo). **Alamy Stock Photo:** Mouse in the House (ul). **Dreamstime.com:** Sergey Dzyuba (mr); Elena Kazanskaya (mol); Tele52 (mor); Radha Karuppannan / Radhuvenki (mul/2x); Stockphototrends (mu). **Getty Images / iStock:** DigitalVision Vectors / bubaone (ml); photo5963 (m); youngID (gol); pterwort (ur). **10 123RF.com:** Inna Astakhova (mur); tempusfugit (mu); nerthuz (mu). **Dorling Kindersley:** Tracy Morgan (mu/Hund). **Dreamstime.com:** Melanie Hobson (mo/Landschaft); Nexus7 (go); Isselee (ml); Theo Malings (mul); Eric Isselee (mr). **11 123RF.com:** Aaron Amat (mul/3x); Dmitry Rukhlenko / dimol (mor). **Alamy Stock Photo:** Justin Kase z12z (ul). **Dreamstime.com:** Billy Ber (gor); Narathip Ruksa / Narathip12 (gor); Cammeraydave (mu); Cynoclub (mu); Jeroen Van Den Broek / Vandenbroek29 (mu/Blindenhund); PhotoChur (ur); Zbynek Burival / Merial (ur). **Fotolia:** Eric Isselee (ul); Norman Pogson (mo). **Getty Images / iStock:** Mac99 (mor); pifate (mur). **12 123RF.com:** fireflamenco (3x). **Dreamstime.com:** Catalin205 (mul, mur); Vectorikart (mor); Stockoxinoxi (mo); Thomas Holt (ml); Macrovector (mul/Kescher); Photka (ur). **13 Dreamstime.com:** Akinshin (gor); Vectorikart (mol); Andreanita (gor/Bär); Miramisska (mor); Pavel Rodimov (m/Sterne beobachten); Kotenko (m); Gerald Zaffuts (m/Geschichten erzählen); Christinlola (mr); Sabelskaya (mul); Kellyrichardsonfl (ul); Pavel Naumov (mu/4x); Sergiy Bykhunenko (ur); Macrovector (mo). **14 Dreamstime.com:** Andreiuc88 (mu); Antares614 (m); Nehru (ur). **15 123RF.com:** Rune Kristoffersen (mol). **Dreamstime.com:** Mihai Andritoiu (mu); Mishoo (gol); Artisticco Llc (gor). **16 123RF.com:** justoomm (mu); Kitsadakron Pongha (mor); nasaimages (m/Zyklon). **Alamy Stock Photo:** Mike Hill (m). **Dreamstime.com:** Arevhamb (ul); Andrey Armyagov (mol); Hulv850627 (ml); Justin Hobson (mr); Trekandshoot (mul); Thescv (mu); Elantsev (mur); Ruthchoi (ur). **17 123RF.com:** alicenerr (m). **Alamy Stock Photo:** SPUTNIK (mor). **Dreamstime.com:** Giuseppe Di Paolo (mo); Siempreverde22 (mol); Dmitry Pichugin / Dmitryp (mo/Mount Everest); Valore (ml); Unissunil (m/Mawsynram); Jon Chica Parada (mr). **Getty Images:** Daniel Osterkamp (mu). **Getty Images / iStock:** Jorge Villalba (ul). **18 123RF.com:** Ruth Jenkinson / stevanzz (ul); Andrzej Tokarski / ajt (gom); Przemyslaw Koch (mul). **Dorling Kindersley:** Liberty's Owl, Raptor and Reptile Centre, Hampshire, UK (mur); Thomas Palmer (mu). **Dreamstime.com:** Digitalimagined (mul); Anna Sedneva / Sedneva (mul/Gras); Vitalssss (m); Sarah2 (mur/Zecke); Ildar Galeev (mu). **Fotolia:** Karl Bolf (mur). **Getty Images / iStock:** Antagain (mul). **19 123RF.com:** smileus (gom); Pavlo Vakhrushev / vapi (mol); Ten Theeralerttham / rawangtak (ml); Thawat Tanhai (ul). **Dreamstime.com:** Conchasdiver (mul); Lgor Dolgov / Id1974 (gor); Ronniechua (m); Kotomiti_okuma (mu); Kazoka (mr). **20 Dreamstime.com:** Cherdchai Chaivimol (mu); Vaclav Volrab (mol); Kaiwut Niponkaew (mo); Tomboy2290 (mor/Basilikum); Natali572 (mor); Ppy2010ha (mul); Dewins (mu); Lepas (ul); Oleg Dudko (gul); Bogdan Lazar (mu); Songyuth Unkong (mur); Mikhail Dudarev (ur). **21 123RF.com:** Anna Liebiedieva / utima (ml); olegdudko (m/Kiwi). **Dorling Kindersley:** Neil Fletcher (mor). **Dreamstime.com:** Anton Ignatenco (m); Zerbor (mol); David Ridley (gol); Paul Rookes (gol); Zerbor (mol); Natika (mul); Elena Schweitzer / Egal (mu); Roman Ivaschenko (ul); Roman Ivaschenko (ul/Seegras); Vetre Antanaviciute-meskauskiene (mu). **Getty Images / iStock:** DNY59 (gomr). **Shutterstock.com:** Daydreamr Digital Studio (gor). **22 Dorling Kindersley:** Centre for Wildlife Gardening / London Wildlife Trust (mo). **Dreamstime.com:** Marc Bruxelle (ml); Vvoevale (mol); Pipa100 (mul); Dreamstock (mu); Filmfoto (ul); Anatoliy Mandrichenko (mu). **22–23 Dreamstime.com:** Andreykuzmin (u); Zerbor (m). **23 Dreamstime.com:** Denira777 (mor); Anton Ignatenco (gor); Ievgenii Tryfonov (mu); Setory (ur); Majormetts (mur); Zorica Vitanovic (mo). **24 Dreamstime.com:** Domnitsky (mo); Md. Rakibul Hassan (Sonnenblume Kreislauf); Ilonai (gor). **25 Dreamstime.com:** Elena Elisseeva (mr); Nadiia Havryliuk Kharzhevska (ul/Pilz Kreislauf); Luayana (gol/Apfelbaum Kreislauf); Angelo Gilardelli (gor); Lenazajchikova (mur); Pavel Rodimov (ur); Wirestock (mul); Thawats (mol). **26 123RF.com:** Aleksandr Ermolaev (ur). **Dreamstime.com:** Anankkml (mu); Photodeti (mo); Wirestock (ur). **Fotolia:** Mark Higgins (gur). **Getty Images / iStock:** LUNAMARINA (ul). **27 Alamy Stock Photo:** SConcepts (ul). **Dreamstime.com:** Jason W. Baker (gol); Isselee (mor); Svetlana Larina / Blair_witch (gol); Pimmimemom (gom); Stevenrussellsmithphotos (mo, goml); Vasiliy Vishnevskiy (ml); Isselee (mr); Cinnamongirl (mur). **Science Photo Library:** Claude Nuridsany & Marie Perennou (gor). **Shutterstock.com:** Lamnoi Manas (mu). **28 123RF.com:** Anna Utekhina (mu). **Dreamstime.com:** Accept001 (m); Isselee (mu/Dalmatiner); Judith Dzierzawa (ur); Alexander Potapov (mul); Isselee (mul/Schaf); Alexander Potapov (mor); Isselee (mor/Kuh); Tristana / Kseniya Abramova (mo); Isselee (mol). **Fotolia:** Anatolii (mu); Olena Pantiukh (mur). **Getty Images:** mikroman6 (ul). **29 123RF.com:** Cathy Keifer (gom); smileus (gor). **Alamy Stock Photo:** Lee Dalton (mul). **Dorling Kindersley:** British Wildlife Centre, Surrey, UK (mol). **Dreamstime.com:** Linda Caldwell (ul); Toby Gibson (mu); Dizzizmee (mo); Paul Farnfield (goml); Steve Oehlenschlager (gol); Brett Hondow (gom/Spinne). **Fotolia:** Eric Isselee (m). **Getty Images:** Photodisc / Don Farrall (gol). **30 123RF.com:** Visarute Angkatavanich (ur). **Dreamstime.com:** Adogslifephoto (mol); Sutisa Kangvansap (mu); Prin Pattawaro (ul); Graeme Snow (mur); Billybruce2000 (mu); Marcin Wojciechowski (mr); Joanna Zopoth Lipiejko (m); Sonsedskaya (ml); Isselee (mor); Gianluca Piccin (mo). **Getty Images / iStock:** RAUSINPHOTO (mul). **31 Dreamstime.com:** Mira Agron (ml); Sebastian Kaulitzki (ur); Pavel Trankov (mu); Steve Allen (ul); Isselee (mur); Isselee (mu); Isselee (mul); Gualberto Becerra (mr); Marco Tomasini (ml); Duncan Noakes (gomr); Wrangel (mor); Melinda Fawver (mo); Svetlana Foote (mol); Dirk Ercken (goml); Jacoba Susanna Maria Swanepoel (gor); Wildlife World (gor); Jagodka (gom); Alexandercreator (gol); Reimarg (gol). **32 123RF.com:** ksena32 / Oksana Tkachuk (mor/Kamille). **Alamy Stock Photo:** Jason Bazzano (ur); mauritius images GmbH / Kurt Madersbacher (mur). **Dreamstime.com:** Andreanita (mor); Jose Manuel Gelpi Diaz (mor/Geier); Valentyna Chukhlyebova (mo, mr); Hwongcc (mol, m); Golfxx (mu); Marazem (mu); Dmitry Potashkin (ul); Pop Nukoonrat (Himmel). **33 Dreamstime.com:** Kharis Agustiar (mr); Jocrebbin (mu); Zedcreations / SACHITH (Spinnenweben 2x); Geerati (mor); Duncan Noakes (mol). **Getty Images:** The Image Bank / Joe McDonald (ul). **Getty Images / iStock:** Parrotstarr (mul); superjoseph (mo); pixhook (mo/Bambus). **34 123RF.com:** Isselee Eric Philippe (m). **Alamy Stock Photo:** Arterra Picture Library / Clement Philippe (ur). **Dreamstime.com:** Callipso88 (mr); Vasyl Helevachuk (mul); Dizm (mu); Isselee (mur); Wildlife World (mo); Corey A Ford (mol). **Getty Images:** Photodisc / Don Farrall (mu). **Shutterstock.com:** A.Mac.Photo (ml). **35 123RF.com:** John McAllister (ml); utima (mo). **Alamy Stock Photo:** Bill Coster (m); Pally (ur); Les Gibbon (ul). **Dreamstime.com:** Angel Luis Simon Martin (mur); Sergeyoch (mul). **Getty Images:** Hearst Newspapers / San Francisco Chronicle (mor). **Getty Images / iStock:** LuckyTD (gom). **36 123RF.com:** swavo (ur); Andrzej Tokarski / ajt (m). **Dorling Kindersley:** Natural History Museum, London (mr). **Dreamstime.com:** Isselee (mul); Alexander Konoplyov (ur/Bakterien); Stu Porter (mor); Mrrphotography (gol). **Getty Images / iStock:** bbevren (u). **37 123RF.com:** Eric Isselee (mur). Ardea: ar / Science Source / Tom McHugh (ml). **Dorling Kindersley:** Natural History Museum, London (m); Jerry Young (ul); Wildlife Heritage Foundation, Kent, UK (gol). **Dreamstime.com:** Isselee (mul); Jblackstock / Justin Black (mu); Yves Sautter (m/Oktopus). **38 123RF.com:** Eric Isselee (mur). **Dreamstime.com:** Nchuprin / Andrey Sukhachev (mur/Bakterien); Angelique Nijssen (ul); Thatsaphon Saengnarongrat (gor). **38–39 Dreamstime.com:** Andreykuzmin (Erde); Smishko (Sandstruktur). **39 123RF.com:** Sayompu Chamnankit (mu/Abdrücke). **Alamy Stock Photo:** Rosanne Tackaberry (ur). **Dorling Kindersley. Dreamstime.com:** Andreykuzmin (u); Dijarm (ur/Diagramm); Kosmos111 (mur); Сергей Кучугурный (ul); Tamara Kulikova (mu); Hommalai (gom); Dave Nelson (mo); Thanthip Homsansri (mol); Lcrms7 (m); Sripfoto (ml); Typsiaod (mul). **Shutterstock.com:** Mikkola (mr). **40 123RF.com:** alekss / Alexandr Pakhnyushchyy (ul); Anatolii Tsekhmister (mor). **Alamy Stock Photo:** Don Despain (mul). **Dorling Kindersley. Dreamstime.com:** Chernetskaya (gumr); Uros Petrovic (ur); Pzaxe (mu); Loren File (mur); Ivonne Wierink (gumr); Jgade (mol). **Shutterstock.com:** Artiste2d3d (gomr). **41 Dreamstime.com:** Nikolay Antonov (mul/Wurm); Kristof Lauwers (ur); Pimmimemom (mur); Aleksandr Volkov (mul); Fibobjects (mu); Luceluceluce (mul/Erde); Atlasfotoreception (mur/Handschuhe); Boulanger Sandrine (mr); Bundit Minramun (mol); Sergiy1975 (mol/Rasenmäher). **42–43 Dreamstime.com:** Miriam Doerr (Blume 3x); Eugenesergeev (Gras); Miriam Doerr (Wildblumen 3x); Supertrooper (m). **42 123RF.com:** peterwaters (mul/Biene). **Alamy Stock Photo:** Life on white (mol/Pferd). **Dorling Kindersley:** Mark Hamblin (mor). **Dreamstime.com:** Animaflora (mu); Tazzymoto (mo); Brett Critchley (mol); Isselee (m); Dzmitry Shpak (gumr); Inna Kyselova (mur); Nipaporn Panyacharoen (mu/Gerste); Thawats (mu). **Shutterstock.com:** Volosina (mul). **43 Alamy Stock Photo:** Islandstock (mul). **Dorling Kindersley:** Twan Leenders (mu/Schlange). **Dreamstime.com:** Tony Bosse (gor); Mickem (mu); Tchara (mu); Chuyu (mul); Sandra Standbridge (mur); Isselee (m); Romica (mor); Palians (mor/Mähdrescher); Mariya Kondratyeva (mor/Feld). **44 123RF.com:** Eric Isselee (m). **Alamy Stock Photo:** Imagebroker / Arco / J. Fieber (ul). **Dorling Kindersley:** Roger Tidman (ml). **Dreamstime.com:** ActiveLines; Macrovector (mul); Isselee (mur); Stephanie Frey (mr); Zerbor (r); Atman (gom); Mille19 (mul/Eule). **Getty Images / iStock:** MarkMirror (mu). **45 123RF.com:** Eric Isselee (mor/Koala). **Dreamstime.com:** Karen Black (mor); Alexander Potapov (mu); Susan Sheldon (ul); Geoffrey Kuchera (ul/Bär); Donyanedomam (mul); Lunamarina (mol); David Steele (mo). **Getty Images / iStock:** GlobalP (mu). **Shutterstock.com:** aphotostory (mur). **46–47 Dreamstime.com:** David Watson (mu). **Shutterstock.com:** xpixel (Schilf 5x). **46 123RF.com:** Stanko Mravljak (mur/Eintagsfliege). **Dorling Kindersley. Dreamstime.com:** G3miller / Gordon Miller (mr); Zerbor (gor); Eduard Kyslynskyy (mo); Dennis Jacobsen (m); Kevin Wells (mu); Photophreak (mur); Roman Ivaschenko (ul). **Shutterstock.com:** Igor Podgorny (mol). **47 123RF.com:** Stefan Holm (mul/Libelle); NewAge (ml). **Dorling Kindersley:** Roger Tidman (m). **Dreamstime.com:** Natalya Aksenova (mo); Sova004 (ur); Ilyas Kalimullin (mur); Kobchaima (mor); Wirestock (gor); Jnjhuz (mul); Zeytun Images (mu). **48–49 Getty Images / iStock:** photo5963 (mo). **48 Alamy Stock Photo:** Doug Perrine (mr); SBS Eclectic Images (mu); Carsten Reisinger (mur); WaterFrame_dpr (mul). **Dorling Kindersley:** Natural History Museum, London (ul); Linda Pitkin (ml). **Dreamstime.com:** Kevin Panizza (mul); Pipa100 (mu/Salat); Harvey Stowe (mor). **Fotolia:** uwimages (mur/Clownfisch). **49 123RF.com:** feathercollector (mr). **Alamy Stock Photo:** Minden Pictures / Norbert Wu (m). **Dorling Kindersley:** Tom Grey (gom). **Dreamstime.com:** Robertlasalle (mul). **naturepl.com:** Solvin Zankl (mul/Laternenfisch). **50–51 Dreamstime.com:** Surachet Khamsuk. **50 123RF.com:** Hal Brindley (gom); Hal Brindley (gomr). **Alamy Stock Photo:** Ivan Kuzmin (gor); Nature Picture Library / MYN / Andrew Snyder (mur); Nature Picture Library / Nick Garbutt (mu/Adler). **Dreamstime.com:** Carlosphotos (mu); Nejron (mu); Chansom Pantip (gor); Arindam Ghosh (mor). **naturepl.com:** Luiz Claudio Marigo (mol). **51 123RF.com:** anankkml / Anan Kaewkhammul (mu/Jaguar); Ajay Bhaskar (r). **Alamy Stock Photo:** Zizza Gordon Insect collection (ul). **Dreamstime.com:** Beautifulblossom (gor); Ryszard Laskowski (mu); Gan Chaonan (ur); Whiskybottle (mu/Orchidee); Isselee (mur); Olga Soe (rote Blumen 3x); Thenatureguy1 (mul); Morley Read (mur/Skorpion); Vlad Ivantcov (m); Superoke (mol); Douglas Delgado (mor); Ekays (gol); Waraphot Wapakphet (gol/Blätter). **naturepl.com:** Gabriel Rojo (mo). **52 123RF.com:** waldemarus (mu/Baobab). **Dreamstime.com:** Bennymarty (mur); Yinan Zhang (ml); Snehitdesign (m); Alexander Shalamov (mr); Kewuwu (m/Baum); Fritz Hiersche (mu); Svetlana485 (ur); Alexandr Yurtchenko (gom). **naturepl.com:** Piotr Naskrecki (mul/Ameise 1, mul/Ameise 2, mul/Ameise 3). **53 Alamy Stock Photo:** Ken Griffiths (ur). **Dorling Kindersley:** Blackpool Zoo (mul); Wildlife Heritage Foundation, Kent, UK (mor). **Dreamstime.com:** Anekoho (mr); Lev Kropotov (mur); Pokec / Jan PokornÃ (mu); Birdiegal717 (mu); Izanbar (mu/Opossum); Godruma (ul); Johan63 / Johannes Gerhardus Swanepoel (ml); Luca Santilli (m); Vicspacewalker (mol); Luciano Queiroz (mo); Rafael Cerqueira (mol/Meerschweinchen). **54 123RF.com:** cookelma / Andrey Armyagov (u); Anan Kaewkhammul / anankkml (ur). **Alamy Stock Photo:** George Brice (ul); Robert Shantz (mu); Mike Lane (mor). **Dorling Kindersley:** Andy and Gill Swash (mr). **Dreamstime.com:** Steve Byland (gol); Derrick Neill (mul); Eutoch (mgr); Eutoch (gomr); Isselee (mlo). **55 123RF.com:** alhovik (gomr); Natalie Ruffing (mr); sladerer / Scott Laderer (mo); Ufuk Zivana (mo/Kaktus). **Alamy Stock Photo:** Arterra Picture Library / Clement Philippe (mu); Nature Picture Library / John Abbott (ul); Rick & Nora Bowers (mur). **Dreamstime.com:** Dfikar (mul); Frank Fichtmueller (gumr); Skynetphoto (mor); Domnitsky (m); Withgod / Alexander Podshivalov (gol); Vally (mol). **56–56 Dreamstime.com:** Phartisan (Fels 4x). **56–57 Shutterstock.com:** Aleksandr Pobedimskiy (ur/Sandstein 2x). **56 123RF.com:** jackf / Iakov Filimonov (mu). **Alamy Stock Photo:** Niebrugge Images (ur); Paulette Sinclair (mu/Bär); Ronald S Phillips (mu). **Dreamstime.com:** Jim Cumming (mor); Jackf / Iakov Filimonov (mur); Iakov Filimonov (mo); Nelikz (mul). **57 123RF.com:** isselee / Eric Isselee (mul); Prapan Ngawkeaw (ml). **Dreamstime.com:** Jpsdk / Jens Stolt (Schmetterlinge 3x); Yotrak (mol). **Shutterstock.com:** Yes058 Montree Nanta (ur/Granit). **58 Alamy Stock Photo:** All Canada Photos / Wayne Lynch (mul); Dembinsky Photo Associates / Alamy / Dominique Braud (mu); Bob Gibbons (mor); Realimage (mol). **Dorling Kindersley:** Jerry Young (mur). **Dreamstime.com:** Devon Crosby (ul); Planetfelicity (ur); Luna Vandoorne Vallejo (mu); Grafner (u); Outdoorsman (mur); Uhg1234 (mul/Rentier); Zanskar / Vladimir Melnik (mol/Walross); Luis Leamus (mr); Il`mar Idiyatullin (gomr); Troyka (mo). **Getty Images / iStock:** Karyn Schiller (goml). **59 Alamy Stock Photo:** era-images / Colin Harris (gor); Minden Pictures / Norbert Wu (mu). **Dreamstime.com:** Agami Photo Agency (mol); Photographerlondon (ur); Sharon Jones (mur); Vika Ivanets (mu); Freezingpictures / Jan Martin Will (mr); Slowmotiongli (m); Staphy (mo); Biletskiy (go); Viktoria Ivanets (gom). **Getty Images:** Digital Vision / David Tipling (ul). **60 Alamy Stock Photo:** Roger Hutchings (mor); WhiskeyWolf (ml); Ann and Steve Toon (m). **Dreamstime.com:** Adogslifephoto (mo); Chuchart Duangdaw (mur); Biletskiy (u); Comzeal (mul); Hel080808 (mr); Nilanjan Bhattacharya (mol/Tiger); Maxirf (mor); Sarayut Thaneerat (mol). **61 Dreamstime.com:** Steve Allen (mu); Skylightpictures (mu); Andrey Koturanov (mu/Überschwemmung); David Pereiras Villagra (ur); Romolo Tavani (mur); Win Nondakowit (ul); Gpgroup (mul); Sjors737 (mur); Piotr Wawrzyniuk (mul); Noamfein (gor). **64 Dreamstime.com:** Marc Bruxelle (gor/Ahorn); Vvoevale (gor); Nadiia Havryliuk Kharzhevska (mur); Zerbor (gor/Ahornbaum).

Cover: *Vorn und Hinten:* **Dreamstime.com:** Irinav; *Vorn:* **123RF.com:** Aaron Amat mu/ (Vogelstrauß), jackf / Iakov Filimonov ml, madllen (Spross), Liubov Shirokova (Blume), Andrzej Tokarski / ajt gur, Anatolii Tsekhmister (Eichhörnchen); **Dorling Kindersley:** Blackpool Zoo mol, Centre for Wildlife Gardening / London Wildlife Trust (Stechpalme), Mark Hamblin gom, Liberty's Owl, Raptor and Reptile Centre, Hampshire, UK (Tarantel), Natural History Museum, London (Schmetterling), Jerry Young (Hummel); **Dreamstime.com:** Atman (Laubblatt), Marc Bruxelle (Ahornblatt), Carlosphotos (Schmetterling 2x), Denira777 mr, Lgor Dolgov / Id1974 mor, Dreamstock (Tanne), Dvrcan mor/ (Käfer), Iakov Filimonov mol/ (Ziege), Angelo Gilardelli ur, Godruma mo/ (Käfer), Vasyl Helevachuk (Rotkehlchen), Eric Isselée (Wurm), Isselee (Reh), Jblackstock / Justin Black gor, Jgade (Frosch), Johan63 / Johannes Gerhardus Swanepoel (Impala), Svetlana Larina / Blair_witch mul, Nejron (Papagei), Matee Nuserm mur, Pokec / Jan PokornÃ mul/ (Känguru), Stu Porter (Affe), Alexander Potapov (Fliegenpilz), Stevenrussellsmithphotos gom/ (Schmetterling), Ievgenii Tryfonov ml/ (Baumstamm), Vasiliy Vishnevskiy mu/ (Krähe), Vvoevale (braunes Laubblatt); **Getty Images:** Fuse mu/ (Jaguar); **Getty Images / iStock:** GlobalP gol, igorkov (Adler); *Hinten:* **123RF.com:** madllen (Spross), Liubov Shirokova (Blume), Anatolii Tsekhmister (Eichhörnchen); **Dorling Kindersley:** Jerry Young (Stichling), Centre for Wildlife Gardening / London Wildlife Trust (Stechpalme), Twan Leenders gol, Liberty's Owl, Raptor and Reptile Centre, Hampshire, UK (Tarantel), Natural History Museum, London (Schmetterling), Jerry Young (Hummel); **Dreamstime.com:** Atman (Laubblatt), Marc Bruxelle (Ahornblatt), Dreamstock (Tanne), Dvrcan (Käfer), Freezingpictures / Jan Martin Will (Pinguin), Vasyl Helevachuk (Rotkehlchen), Eric Isselée (Wurm), Isselee (Reh), Jgade (Frosch), Johan63 / Johannes Gerhardus Swanepoel (Impala), Svetlana Larina / Blair_witch mo, Luis Leamus mr, Nejron (Papagei), Uros Petrovic mur, Stu Porter (Affe), Ievgenii Tryfonov (Baumstamm), Vasiliy Vishnevskiy (Krähe), Vvoevale (braunes Laubblatt), Zerbor mu; **Getty Images / iStock:** GlobalP (Pandabär), igorkov (Adler); *Rücken:* **Dreamstime.com:** Macrovector (Schlange), Alexander Potapov (Fliegenpilz).